NOTICE BIOGRAPHIQUE

SUR

A. ANTOINE

DÉCÉDÉ ARCHIPRÊTRE HONORAIRE, CURÉ DE LIGNY-EN-BARROIS

PAR

M. L'ABBÉ JULES GOUJET

CHANOINE HONORAIRE, CURÉ DE SAINT-SAUVEUR DE VERDUN

BAR-LE-DUC

L. GUÉRIN ET Cⁱᵉ, IMPRIMEURS-ÉDITEURS

RUE DE LA ROCHELLE, 49-51

1869

NOTICE BIOGRAPHIQUE

SUR

A. ANTOINE

A. ANTOINE,
décédé Archiprêtre honoraire.
CURÉ DE LIGNY-EN-BARROIS

NOTICE BIOGRAPHIQUE

SUR

A. ANTOINE

DÉCÉDÉ ARCHIPRÊTRE HONORAIRE, CURÉ DE LIGNY-EN-BARROIS

PAR

M. L'ABBÉ JULES GOUJET

CHANOINE HONORAIRE, CURÉ DE SAINT-SAUVEUR DE VERDUN

BAR-LE-DUC

L. GUÉRIN ET Cie, IMPRIMEURS-ÉDITEURS

RUE DE LA ROCHELLE, 49-51

1869

NOTICE BIOGRAPHIQUE

SUR

M. AUGUSTE ANTOINE

décédé Archiprêtre honoraire, Curé de Ligny-en-Barrois

PAR

M. L'ABBÉ JULES GOUGET

CHANOINE HONORAIRE, CURÉ DE SAINT-SAUVEUR DE VERDUN

La mort de M. Antoine, archiprêtre, chanoine honoraire, curé de Ligny, est pour le diocèse de Verdun, une perte dont il serait impossible d'apprécier l'étendue, s'il n'était connu que par les quelques lignes qui ont été consacrées à sa mémoire dans les journaux de la Meuse et de la Meurthe.

Nous voudrions offrir au clergé dont il a été l'honneur, aux populations qui l'ont eu pour pasteur, aux amis qui lui étaient chers, et qui ont tant de motifs de le regretter, une esquisse un peu plus développée, et dont la fidélité soit pour tous un encouragement et une consolation.

Il importe beaucoup aussi à la tribu lévitique, qui se lève pour succéder à des hommes de cette valeur, de les bien discerner, afin de s'initier à la pratique du ministère sacré, par le souvenir de leurs belles qualités et de leur constante application au salut des âmes.

Me sera-t-il permis d'ajouter, qu'ayant été vicaire de M. Antoine durant une période de trois années, et honoré de son amitié pendant vingt-cinq ans, je me fais un pieux devoir, non pas de le louer, mais de le manifester, et de modérer ma profonde douleur, en me retraçant sa digne vie.

I.

M. Auguste Antoine naquit à Commercy d'une famille, à laquelle sa probité, plutôt encore que l'étendue de ses affaires, avait acquis une honorable notoriété dans le pays. La maison Antoine jouissait, pour sa spécialité commerciale, d'une sorte de monopole que l'envie ne lui contestait pas, compensé qu'il était, par des traditions attirantes de bienveillance et d'urbanité.

J'ai souvent entendu M. Antoine me raconter et me peindre avec bonheur les joies naïves et pures que son enfance avait goûtées au foyer domestique, et quelle douce animation y régnait, parce que ses parents en rendaient l'accès attrayant par les ressources variées d'une hospitalité simple et franchement cordiale.

La mère de M. Antoine était une femme d'un mérite peu commun. Elle avait un maintien grave et doux, une physionomie où la dignité se mêlait à la grâce, et, dans le contour des lèvres, une expression de spirituelle amabilité dont, paraît-il, son fils Auguste était l'héritier le mieux partagé. Celui-ci professait pour sa mère une profonde et tendre vénération. Jamais il ne lui arrivait de parler d'elle qu'avec un cœur, où son âme se trahissait, en nous révélant à quelle source il avait puisé ce qu'elle contenait de meilleur. Le portrait de Mme Antoine, placé dans le salon de Ligny, non loin de celui de M. Antoine père, était toujours pour moi un sujet d'attention, tant je retrouvais la ressemblance avec son fils frappante, et le lien moral visible dans le rapprochement des traits du visage.

L'éducation première de M. Antoine dut l'acheminer insensiblement à l'état ecclésiastique. Je dis insensiblement, parce que sa liberté fut toujours entière et parfaite. Mais les soins religieux avec lesquels il fut élevé par sa mère, et ses dispositions personnelles, le portaient vers le sacerdoce. On en jugera par le trait suivant :

Un jour qu'il devait prendre part à un festin de noces, sa mère lui fit observer que si on lui présentait des aliments gras (c'était un jour d'abstinence), son devoir était de les refuser. En effet, l'enfant fut mis à l'épreuve ; mais le souvenir des leçons de sa mère, et la droiture inflexible de sa conscience, lui suffirent. Toutes les instances pour l'entraîner furent vaines, et la discipline de la pénitence chrétienne eut pour représentant et pour avocat, devant une nombreuse assemblée, la faiblesse ingénue, mais indomptable d'un enfant.

J'ai appris de lui-même à quelle époque il se sentit irrésistiblement incliné au sacerdoce ; ce fut le jour même de sa première communion. Ce grand acte, auquel il se prépara avec une ferveur de néophyte, lui valut, si je puis m'exprimer ainsi, la révélation des desseins de Dieu sur lui ! Il comprit avec une merveilleuse clarté, que Dieu le voulait à son service, et cédant à l'attrait divin, il engagea, à partir de là, sa liberté d'une manière absolue et définitive, comme s'il eût entendu réellement le Seigneur Jésus lui dire : « Suivez-moi ».

Un trait de son énergie qui ne déplaira pas à nos lecteurs, prouvera jusqu'à quel point déjà il portait le respect du devoir.

C'était le jour même de sa première communion. L'église de Commercy était remplie et l'office paroissial commencé. Les enfants assemblés près de l'autel attendaient le moment solennel. Un seul d'entre eux paraissait anxieux et troublé, — c'était le jeune Antoine. — Le vieux sacristain, passant près de lui, lit dans ses traits et veut savoir le sujet de sa préoccupation. J'ai oublié, lui répond naïvement l'enfant, de demander la bénédiction de mes parents : *Monsieur*, réplique doctoralement le sacristain, *c'est très-grave !* et, d'un ton d'autorité, il lui fait signe qu'il ait à sortir des rangs et d'aller immédiatement réparer sa négligence. L'enfant ne se le fait pas répéter, il part, descend la nef et vient, les mains tendues, supplier son père et sa mère de le bénir. Puis, le cœur exalté par la joie et la liberté, il revient à sa place, où il attend avec une humble et juste confiance qu'elle s'accomplisse pour lui, cette parole de l'Apocalypse : « Celui qui aura été victorieux mangera du fruit de vie. *Qui vicerit, dabo ei edere de ligno vitæ* ». Que se passa-t-il au fond de cette jeune âme, au moment où elle étreignait son Dieu pour la première fois ? Il n'en faut pas douter. M. Antoine y savoura ce délicieux bonheur qu'il s'entendait si bien à peindre, et dont le souvenir le renflammait, chaque fois qu'il avait à préparer de nouveaux enfants pour la première communion.

Sa résolution d'être prêtre sortit de cette extase de félicité, et il ne tarda pas à lui donner un commencement d'exécution en entrant au petit séminaire de Verdun. C'était en 1819. Il avait alors 15 ans. Nous sommes trop heureux de laisser parler ici un de ses contemporains qui fut aussi l'un de ses meilleurs amis, M. l'abbé Fontaine, curé-doyen de Revigny.

Il nous écrit : « Pendant trois ans qu'il passa au petit séminaire, notre bien-aimé défunt se fit remarquer par ses talents et son bon cœur. Je ne pense pas me tromper ni être démenti, en disant qu'il était le plus intelligent, le plus sensible de nous tous, condisciples de sa classe. Chaque année il remportait le prix d'excellence et les autres premiers prix ; ou, du moins, il était celui qui en remportait le plus. On recherchait son amitié ; son professeur de troisième et de seconde, M. Didiot, le futur évêque de Bayeux, si bon et si affectueux pour tous ses élèves, l'était encore plus pour Antoine que pour les autres ».

Nous aurions plusieurs observations à faire sur cet éloge si sincère et si noblement désintéressé de M. l'abbé Fontaine ; mais nous préférons lui continuer la parole pour apprendre de son témoignage ce que devint son ami au grand séminaire.

« Nous ne passâmes, dit-il, qu'un an au grand séminaire de Nancy, pour notre cours de philosophie. Quoique troublé et éprouvé par des scrupules, Antoine resta toujours, parmi ceux de sa classe, le plus aimable et le plus aimé ; et, quoiqu'il s'agît alors, non plus de compositions littéraires, mais de discussions philosophiques, il prit place parmi les premiers de sa conférence.

« L'étude de la théologie développa en lui une vertu et un courage d'application intellectuelle que je ne lui avais pas encore connus. La mémoire des mots ne lui était pas facile, et il fallait ce genre de mémoire pour le développement d'une thèse théologique.

« Pour l'acquérir, il renonce à tout ce qui réjouissait auparavant son intelligence, si bien faite pour apprécier les délicatesses de la beauté littéraire, sacrifice qui lui valut plus tard l'honneur d'être appelé au professorat, et qui fit de lui, dans le séminaire, *un modèle de piété et de régularité* ».

Dans cet hommage rendu à son ami, M. Fontaine ne signale que par un mot rapide une conjoncture très-sérieuse de la vie de M. Antoine.

Il fut atteint, en effet, au grand séminaire, de la maladie des scrupules, maladie qui fut poussée en lui jusqu'au paroxysme, qui mit en échec sa raison, et de laquelle il ne serait pas sorti sain et sauf, sans l'assistance providentielle de son directeur, M. Mansuy, à qui il s'ouvrit avec toute son ingénuité naturelle, et qui lui appliqua un remède héroïque et efficace.

C'est de M. Antoine lui-même que nous savons à quelle extrémité il fut réduit, par les angoisses de sa conscience, et comment il dut le salut de sa raison et de son avenir, à la perspicacité et à l'intrépidité de son directeur.

Assurément, il fallait à M. Mansuy un discernement bien profond et une fermeté bien étonnante, pour oser tenter envers son malade un traitement devant lequel aurait reculé la science hésitante, et la pratique vulgaire des confesseurs.

Au lieu de s'arrêter à des demi-moyens qui auraient à peine retardé la crise où devait sombrer l'intelligence, peut-être même la vie du jeune séminariste, M. Mansuy lui dicta une règle dont l'usage devait être absolu et universel. Ce fut sa planche de salut : dès qu'il commença à la pratiquer, le cœur du patient s'éclaira, se dilata, ses facultés morales se délièrent, et le médecin hardi, constatant le succès de son remède et son applicabilité spéciale au tempérament de M. Antoine, lui en fit une loi expresse pour toute sa vie, loi qui, j'en suis convaincu, l'a assisté jusque dans les ténèbres des derniers combats. C'est à cette rude épreuve que M. Antoine se forma à la direction des âmes.

Sans doute la théologie morale à laquelle il se livra avec une intense ardeur, et afin, comme il nous le disait, d'asseoir irrévocablement son jugement sur la plupart des points où la science pratique du prêtre est mise en demeure de se prononcer, cette étude, dis-je, lui fut d'un grand secours. Toutefois, nous pensons que ses amères souffrances ne lui furent pas moins profitables, *afflictio dat intellectum*. Il y acquit une connaissance plus expérimentale des infirmités de l'âme humaine, et jamais il n'eût été un conseiller si sûr, un guide si précieux, un père si tendre et si compatissant pour les consciences malheureuses et perplexes, s'il n'avait été auparavant l'homme des douleurs, *virum dolorum et scientem infirmitatem*(1).

Nous manquons de renseignements sur sa préparation immédiate à la prêtrise ; mais tout nous autorise à dire qu'elle fut sainte, et qu'il sortit du cénacle, inondé, comme les Apôtres, du feu sacré qu'il n'eut jamais besoin de renouveler. Nous en avons pour caution l'amitié que lui témoignait M. Noël de Sorcy (2) un des prêtres les plus recommandables qu'ait produits le diocèse de Verdun. Maintes fois on a vu le jeune séminariste s'échapper de Commercy, pendant les vacances, pour aller respirer, près du saint vieillard, l'arome d'une piété angélique, et recueillir les leçons d'une sagesse consommée, à laquelle recouraient avec empressement les plus doctes et les plus expérimentés du sanctuaire. L'abbé Antoine fut ordonné le 9 juin 1827, et nommé le même jour, vicaire à la cathédrale de Verdun.

---

(1) Isaïe, LIII, 3.

(2) M. l'abbé Noël, chanoine titulaire de la cathédrale de Verdun, était né à Sorcy, et avait été appliqué au service paroissial avant la révolution. Il était très-estimé comme prédicateur, mais plus encore comme directeur spirituel. Lorsqu'il rentra définitivement à Sorcy, sa maison devint un hôtel où les prêtres venaient passer quelques jours de retraite sous son habile direction. M. Noël avait reçu l'éducation de l'ancien clergé. Il avait une gravité noble, tempérée par une gracieuse bonté, un air si accueillant que c'était une vraie fête d'être admis à son entretien ou à sa table. Il a vécu au-delà d'un siècle, conservant une force physique étonnante, et dont il était presque fier.

Il a pu dire la messe jusque dans sa quatre-vingt-dix-huitième année ; mais alors sa mémoire baissant, il fallut lui donner l'assistance d'un prêtre ; c'est nous personnellement, en qualité de vicaire de Sorcy, qui avons eu le précieux honneur de l'accompagner en dernier lieu au saint autel.

Dès son début dans le ministère pastoral, l'abbé Antoine manifesta clairement qu'il était né pour la vie active : son éducation, la trempe de son esprit, l'aménité de son caractère, son goût pour la culture de l'enfance, son amour des âmes, tout l'appelait à servir Dieu dans cette voie : aussi, quoiqu'il n'ait occupé son poste de vicaire à la cathédrale que pendant un peu plus d'une année, son souvenir y est encore vivant, et la trace de son passage non effacée. On se rappelle toujours ce jeune débutant, si mince alors dans sa taille, ses traits réguliers et fins, son œil étincelant et doux, je ne sais quoi d'élégant et de modeste dans toute sa personne, par où il cherchait instinctivement des âmes à conquérir. On n'a pas oublié l'onction évangélique de ses sermons, la justesse, l'à-propos de ses aperçus, le charme pénétrant de sa diction ; ce n'était pas de l'admiration au sens vulgaire du mot qu'il suscitait, c'était du vrai bonheur, celui qu'éprouvent les âmes, ravies d'entendre le pur accent de la divine parole, et de voir apparaître la figure de Jésus-Christ sur le front et sur les lèvres éloquentes et transfigurées d'un prêtre convaincu et bon.

M. Antoine et M. Gallet, tous deux vicaires de la cathédrale à la même époque, resteront longtemps comme les types du zèle de l'apostolat, tel qu'il doit être exercé par les jeunes prêtres, pour mériter la constante gratitude des fidèles.

Ces heureux débuts de l'abbé Antoine ne pouvaient manquer d'attirer l'attention de ses supérieurs. Ils se firent même illusion sur ses vrais moyens ; on le crut apte au professorat théologique, et il fut nommé, en octobre 1828, à la chaire de théologie dogmatique. C'était le faire sortir de la voie. L'abbé Antoine accepta avec soumission, mais sans attrait, sa nouvelle destination, et il se rejeta dans l'étude des matières théologiques, avec un zèle qui devait rester sans succès.

Ainsi que le faisait remarquer tout à l'heure son ami M. Fontaine, l'abbé Antoine manquait d'une faculté indispensable aux professeurs, il manquait de la mémoire des mots; et, quelques efforts qu'il fît pour se rendre digne de sa mission, il était condamné, à cause de cette lacune, à rester impuissant. Après avoir pris une peine infinie à s'incorporer ces malheureux textes de l'Ecriture sainte, des Conciles ou des SS. PP., le jeune professeur montait en chaire à son corps défendant, plein de défiance, et ayant déjà perdu une partie de ses forces, dans le sentiment de sa faiblesse. Le moment venu de parler, il sommait ses souvenirs de reparaître, mais ils n'arrivaient pas ! et alors la scène devenait assez comique. Les séminaristes n'étaient pas fâchés de trouver leur professeur en défaut, et de pouvoir lui dire : *Medice, cura teipsum,* « médecin, guérissez-vous vous-même ». Son embarras ne les touchait pas; ils lui venaient même malicieusement en aide, en lui soufflant sa leçon, et l'infortuné professeur, témoin et victime de son insuffisance, ne pouvait guère se complaire dans une tâche si ingrate, où sa dignité souffrait plus encore que son amour-propre.

II.

Après deux années d'essai, M. Antoine fut nommé, le 18 mars 1830, desservant de la paroisse de Milly près de Stenay. Il y entra comme l'ange de la paix.

Cette paroisse était alors déplorablement divisée : les uns se réclamaient de Paul, les autres de Céphas. La ligne de conduite du nouveau pasteur fut bien vite tracée. Il n'eut qu'à suivre les inspirations de son excellent cœur. Sa bonté fut sa prudence. Il laissa le temps faire son œuvre ; il ne versa pas le sel, mais l'huile sur les plaies ; il fut père, il fut mère, et il eut bientôt l'incomparable consolation de voir les inimitiés se dissiper, et le bercail réuni tout entier d'esprit et de cœur sous la même houlette. Milly, rendu à la paix, devint une paroisse modèle.

Ce ministère de pacification, que M. Antoine s'entendait si bien à exercer, dans sa paroisse, il le pratiquait aussi avec une ingénieuse charité à l'égard de ses confrères. Lorsqu'il apprenait que leurs rapports étaient un peu tendus, sa préoccupation était de les rapprocher. Il les invitait simultanément chez lui ; et là, dans la confraternité des agapes sacerdotales, il négociait et obtenait plus aisément une pleine et parfaite réconciliation. Ce talent d'apaiser les dissidences lui avait fait décerner, par ses confrères, une sorte de magistrature officieuse, à laquelle on recourait en cas de besoin, et ses avis avaient toujours, nous disait M. l'abbé De Lahaut, son voisin alors, une grande autorité.

La renommée de ses belles qualités faisait désirer de le connaître. Les familles importantes des environs de Milly l'attiraient chez elles. S'il était sensible à cet honneur, c'est parce qu'il rejaillissait sur la religion qu'il était heureux de faire aimer et apprécier ; car, il le faut dire, c'était là son unique ambition. C'est à ce but qu'il faisait servir non-seulement ses talents et sa piété, mais aussi les dons aimables dont Dieu l'avait richement gratifié. Un grand ennemi de la religion, Frédéric de Prusse, disait que pour la déconsidérer et la ruiner, *il en fallait faire un hibou.* Il voyait juste dans ses vœux impies, car les hommes n'adhéreront jamais à un culte d'un aspect repoussant, ni à des ministres sacrés qui leur déplairont.

C'est à combattre cet odieux préjugé que les prêtres, issus du véritable esprit de Jésus-Christ, se sont toujours appliqués, en rendant aimable, jusque dans leur personne, la religion qui n'est que le moyen d'amener les hommes au bonheur parfait. M. Antoine y réussissait à merveille.

Il eût regardé comme un outrage, et comme une erreur fatale, qu'on s'étonnât de lui voir des formes polies, des manières prévenantes et agréables, une physionomie propre à inspirer, à encourager la confiance. Que de fois il nous a fait sur ce point les observations les plus justes, les plus salutaires ! Il n'acceptait pas les excuses banales tirées de la distraction ; il n'admettait pas qu'on fût un homme d'esprit, quand on manque d'attention et d'égards. Il voulait qu'à force de surveiller tous ses mouvements, tous ses actes, toutes ses paroles et même son silence, on arrivât à être irrépréhensible aussi bien devant les hommes que devant Dieu. En d'autres termes, il voulait que, semblable à la fleur des champs, qui plaît et élève le cœur vers Dieu par un reflet de sa beauté et de sa bonté, le ministère sacerdotal eût au moins la même éloquence et le même attrait ; et il y parvint lui-même assez pour mériter cet enviable éloge : **Dilectus Deo et hominibus** (1) : il fut aimé de Dieu et des hommes.

Partout où il passait, il laissait une marque ineffaçable ; on ne pouvait plus oublier ce visage ouvert, cette cordialité spontanée, cet air libre

---

(1) Eccli., XLV, 1.

et gai, quoique toujours mesuré, cette bienveillance exquise et perpétuelle qui l'ont fait appeler *le bon M. Antoine ;* qualification qu'on ne saurait trop estimer et bénir, puisque, après tout, le meilleur et le plus habile serviteur sera toujours celui dont l'amabilité et la courtoisie feront aimer davantage ou son prince ou son Dieu. Tel fut le caractère de l'administration pastorale de M. Antoine à Milly ; on peut s'en convaincre par un fait tout récent :

Lorsque la nouvelle de sa mort fut portée à Milly, par une lettre d'un de ses anciens élèves, M. l'abbé Person, lettre qui fut lue au prône de la messe paroissiale, une émotion irrésistible éclata : on voulut avoir cette lettre. Elle passa copiée de mains en mains ; deux jours après, elle avait déjà parcouru le village deux fois, et cela après 32 ans d'absence !

Trouverait-on beaucoup d'exemples d'une constance semblable, d'une affection et d'une reconnaissance si obstinées ? — Ah c'est qu'il était aimé : *Dilectus hominibus.* Les vieillards, m'écrit-on, mouraient, son nom à la bouche, en se souvenant des bonnes et saintes paroles qu'il leur adressait. Son nom reste attaché à Milly avec un parfum inaltérable, qui soutient encore l'autorité de ses successeurs, en même temps qu'il rattache la génération présente à celle qui l'a précédée, par une tradition durable de piété, de pureté et de sagesse.

III.

L'autorité diocésaine, qui suivait, de loin, les progrès du curé de Milly, ne pouvait le laisser plus longtemps dans cette paroisse ; et, après un laps de six années, le 30 septembre 1836, il fut nommé à Saint-Etienne de Bar-le-Duc dont le dernier curé avait été M. Rollet, de vénérable mémoire. Rien n'était plus difficile que de lui succéder : M. Rollet avait été le défenseur de la foi, à l'époque la plus calamiteuse de la révolution ; il avait subi la persécution et l'exil ; et, quand il rentra à Bar-le-Duc, l'affection qu'il avait conservée pour Saint-Etienne, ne lui avait pas permis d'accepter pour résidence le presbytère de la paroisse Notre-Dame, dont il était le curé titulaire.

Cette abnégation après de si grands services, relevée encore par les grandes qualités personnelles de M. Rollet, l'avait placé très-haut dans la considération du clergé du diocèse et des fidèles de Bar-le-Duc. On se demandait quel prêtre serait assez distingué pour soutenir, ne fût-ce que de loin, un si dangereux parallèle ?

M. Antoine s'y essaya dans la mesure de ses forces, et pour répondre à la volonté de Dieu qui l'y conviait ; il se trouva même que ce terrain était admirablement approprié au caractère et aux vertus du nouveau curé.

La paroisse Saint-Etienne, où avaient autrefois résidé les plus illustres familles de la Lorraine, n'avait conservé de son antique splendeur que son église monumentale. L'aristocratie, emportée avec l'ancien régime, avait cédé la place à une population laborieuse, très-ardente, très-intelligente, mais qui souffrait étrangement de la double faim de l'âme et du corps. M. Antoine saisit de suite l'avantage que cette situation offrait à son activité et à son ministère. Il se mit bientôt en rapport avec tous ces déshérités, il les visita avec bonté, il leur parla avec une populaire simplicité, il leur montra une sympathie vive, sincère ; il s'appliqua particulièrement à attirer leurs enfants à l'église par tous les moyens de son industrieuse charité, et s'il ne fit pas oublier M. Rollet, il lui substitua un représentant de Dieu, d'une physionomie plus jeune, dans une âme plus contemporaine et plus alerte. Le succès fut tel qu'au bout d'un an, lorsque Mgr Letourneur désigna M. Antoine pour être l'archiprêtre de Montmédy, ce fut un étonnement douloureux, et un deuil public dans la paroisse.

Nous en pouvons parler pertinemment ; car, ayant été appelé nous-même à cultiver cette paroisse dix-sept ans après, il advint que le jour de notre installation, M. Antoine reparaissant à côté de nous, pour la première fois dans cette église, excitait sur son passage la rumeur flatteuse des fidèles qui le reconnaissaient. Chaque fois que nous eûmes l'occasion et le bonheur de le réinviter, nous avons vu les mêmes sympathies se manifester.

IV.

La nomination de M. Antoine à Montmédy date du 17 septembre 1837. Il n'avait encore que 33 ans, et il remplaçait un prêtre vénérable, M. l'abbé Huard, que ses longs services avaient désigné au choix de Mgr Letourneur pour les attributions de vicaire général.

Sur ce nouveau théâtre M. Antoine ne manqua pas davantage à sa mission. Ici nous pouvons parler avec d'autant plus de confiance que nous l'avons vu à l'œuvre de plus près.

Mais que l'on n'aille pas croire que la reconnaissance nous aveugle, ou que l'amitié nous abuse jusqu'à créer sous notre plume, avec des couleurs exagérées, un personnage de fantaisie. Elevé près de lui, pendant de trop courtes années, à l'école de la droiture, de la vérité, de la simplicité, à l'amour de tout ce qui lie l'âme au bien, de tout ce qui fait haïr l'imposture et mépriser la bassesse, voudrais-je, alors que j'écris sous ses yeux, son image toujours présente à ma pensée, lui décerner un mérite qu'il ne ratifierait pas ?

Disons donc avec force, que la paroisse de Montmédy, qu'il administra pendant huit ans, a eu en lui un pasteur prudent et fidèle : prudent, parce qu'il rencontra dans l'autorité civile d'alors, une attitude qui mit à l'épreuve sa modération et sa mansuétude ; fidèle, parce qu'il se donna toujours tout entier à sa besogne, aspirant à l'idéal du vrai et bon curé au XIXe siècle.

La paroisse de Montmédy est, comme on sait, fractionnée en deux sections qui sont reliées par un chemin raide et sinueux, dont la pratique, assez difficile en toute saison, devenait réellement périlleuse en hiver. J'en sais quelque chose. Lorsque arrivait le dégel, le piéton ne pouvant s'appuyer d'aucun côté, faute de rampes, ni se soutenir aisément sur un passage si glissant, risquait à tout instant d'aller se précipiter dans les ravins de la côte. Depuis, on a bien amélioré ce trajet.

M. Antoine, que les nécessités du ministère appelaient très-souvent à la ville basse, et qui n'y avait pas, comme ses successeurs, un pied à terre où il pût s'abriter confortablement, dans les gros temps, ne compta jamais avec ces difficultés, lorsqu'il était question de son devoir, surtout lorsqu'il fallait porter à quelque famille éplorée le secours de sa parole ou de sa charité. Que de fois je l'ai vu rentrer, le soir, au presbytère de la ville haute, le visage défait, après une visite dans une maison affligée, et dont il ne parvenait que difficilement à tempérer les plaintes amères ! Que de bonnes paroles, que d'excellents conseils, que de salutaires encouragements, que de bons exemples il a laissés dans cette paroisse, où les sympathies de toutes les classes lui étaient acquises, où la jeunesse était, comme partout, le cher objet de sa sollicitude, où il recevait chaque semaine de ses confrères des témoignages de dévouement et de confiance, où il mérita, en échange de son gracieux discours à la pieuse reine des Belges, un souvenir de grand prix, cette statue de Notre-Dame de Pitié, qu'il fit placer avec honneur dans l'église de la ville haute ; où enfin, à défaut d'actions d'éclat, il fit aimer la religion et bénir sa mémoire.

Cependant la santé délicate de M. Antoine ne pouvait se plier plus longtemps au ministère si rude de Montmédy. Durant les dernières années, il se vit condamné à garder la chambre pendant une partie de la mauvaise saison. C'était le commencement de la maladie qui devait l'emporter. Donc, quand la cure de Ligny devint vacante, après avoir longuement mûri sa résolution, il se décida à présenter ses vœux à Mgr Rossat, qui les agréa.

M. Antoine aimait profondément sa paroisse : cette nouvelle séparation, quoique prévue, lui porta au cœur un coup terrible. Je ne l'oublierai jamais. La veille ou l'avant-veille de son départ, il fut en proie à des souffrances si vives qu'il ne put rester debout, et je fus le témoin des luttes morales, où succombait la pauvre humanité d'un vrai pasteur brisé de douleur, anéanti à la pensée de s'éloigner à jamais de ses enfants ! Certains critiques ont reproché à M. Antoine d'avoir sollicité la conservation de son titre d'archiprêtre, après avoir donné sa démission de curé de Montmédy. On a taxé cette demande comme si elle eût été l'inspiration d'une puérile vanité, et on s'est trompé, parce qu'on ne connaissait pas à fond l'âme de M. Antoine.

Du reste, il ne s'illusionnait pas sur les blâmes dont il serait l'objet, et il n'en persista pas moins à prier Mgr Rossat de lui accorder cette faveur. C'est qu'il avait au plus haut point le sentiment de l'honneur pour lui-même et pour sa famille. En descendant très-librement d'un poste éminent, il ne pouvait tolérer que l'opinion publique se méprît sur les motifs de cette apparente déchéance, et s'il faisait fi de la gloire humaine proprement dite, il ne le faisait pas de la considération de ses concitoyens. D'autres pourront mépriser ces précautions, M. Antoine y tenait.

Du reste, nous sommes à même, aujourd'hui, de lever tous les voiles, et de notifier un fait qui répondra péremptoirement à tout, et qui prouvera que M. Antoine, scrupuleux sur le véritable honneur, avait un cœur modeste et assez maître de lui-même, pour résister aux plus éblouissantes avances de la fortune, je veux dire, aux propositions qui lui furent faites, de se laisser promouvoir à l'épiscopat.

Il avait, dans les hautes régions gouvernementales, un proche parent, qui s'intéressait vivement à lui; c'était M. Thomas, directeur du personnel de M. Thiers, alors ministre : cette position lui donnait un puissant crédit, et il n'aurait pas été peu flatté de voir la mitre épiscopale rentrer dans sa famille par une voie plus canonique que celle par laquelle M. l'abbé Aubry (évêque constitutionnel) l'y avait introduite.

Le général Jamin, qui était fort apprécié à la cour de Louis-Philippe, et qui professait une haute et affectueuse estime pour M. Antoine, se mettait à sa disposition et le pressait fort. Plus tard, nous a-t-on assuré, M. Collot, enfant de Ligny, député de l'arrondissement de Bar-le-Duc, lui offrit, pourvu qu'il donnât son assentiment, tout ce qu'on sait qu'il avait de faveur auprès de Napoléon III, et de persistance dans ses entreprises. C'était bien tentant !

M. Antoine ne fléchit pas; il s'étonnait qu'on pensât à lui pour la dignité épiscopale, quand son ancien professeur, M. Didiot, vicaire général, restait en arrière, et il détourna opiniâtrément, de ce côté, toutes les influences qui le favorisaient.

Voilà quelle était l'âme de M. Antoine. On peut bien lui pardonner, ce me semble, d'avoir brigué le faible avantage d'annexer le titre d'archiprêtre honoraire à celui de curé de Ligny, qu'il allait prendre.

V.

Il fut nommé le 22 octobre 1845, et succéda à M. Gallet, que la confiance de son évêque venait d'appeler à la direction du grand séminaire. Il tomba, en arrivant à Ligny, au milieu des regrets très-vifs et très-mérités qu'avait laissés son prédécesseur.

M. Antoine n'ignorait ni les talents, ni les services de son ami, M. Gallet; mais les eût-il ignorés, qu'il en aurait été bientôt amplement instruit, par l'empressement sincère et ingénu qu'on mettait à lui peindre et la personne, et les rares qualités de son prédécesseur.

M. Antoine n'avait rien à contester. Il n'éprouvait aucun déplaisir dans ces éloges d'un prêtre dont il avait été déjà le collaborateur, et avec lequel il avait toujours conservé les meilleures relations. Il ne vit, dans ces justes regrets des fidèles de Ligny, qu'un motif de ranimer toute son ardeur et de déployer toute son activité pastorale.

Le jour où j'arrivai à Ligny pour y continuer mon vicariat, je fus le trouver au confessionnal ; je le vois encore m'entr'ouvrant la porte et me disant avec un air de bonheur profond : *Mon cher, qu'il fait bon ici, sous les auspices de Notre-Dame des Vertus !*

La Providence, qui mène toutes choses à ses fins par les voies les plus naturelles en même temps que les plus efficaces, a voulu que M. Antoine vînt à Ligny terminer sa carrière, en y dépensant tout ce que son âme apostolique contenait de zèle pour la gloire de Dieu, de suavité et d'habileté dans la direction des consciences, d'ardeur et de force pour le bien. L'Evangile l'a dit : « On reconnaîtra l'arbre à ses fruits ». Nous ne désirons pas d'autre criterium, pour apprécier la vie de M. Antoine, à Ligny.

Puisque la prédication est la première mission du pasteur, *Euntes, prædicate,* nous allons essayer de rassembler nos impressions pour le peindre, non d'après des tons arbitraires, mais tel que nous l'avons vu, et tel qu'il restera dans le souvenir de ceux qui l'ont entendu.

M. Antoine avait la conception rapide, une heureuse fécondité d'idées, une imagination vive quoique contenue, et surtout une sensibilité délicate et profonde, un cœur qui donnait le mouvement à toutes ses paroles, et ne lui laissait pas la liberté d'être froid, monotone, ou ennuyeux. Sa composition écrite était bien ordonnée, son style, formé d'après les orateurs du grand siècle, était ferme, clair, suffisamment orné. Il parlait dignement la langue française ; mais il était rare qu'il élaborât de longs discours. Il se bornait habituellement à des résumés substantiels, qu'il résumait encore, pour la facilité de sa mémoire.

Mais, hélas ! cette dernière faculté lui fut partout rebelle et ingrate.

Il lui est arrivé d'écrire des sermons entiers très-soignés, de les apprendre pendant plusieurs jours, puis d'éprouver, en paraissant dans la chaire, un vide effrayant, ou de n'avoir plus que des lambeaux, des tronçons qu'il lui était impossible de renouer. Alors il se jetait bravement à l'eau ! Confiant dans les grâces de Dieu qu'il avait bien méritées, par ses laborieuses préparations, il se livrait au vent de l'inspiration ; et plus heureux de sa déconvenue qu'il ne l'eût été de son travail, il s'élevait parfois à des inspirations magnifiques, et rencontrait des mouvements d'éloquence qui donnaient à ses auditeurs la juste mesure de ses moyens. C'est ainsi qu'un jour, ayant été invité à faire, séance tenante, l'éloge funèbre de M. Lombal, curé de Stenay, aux funérailles duquel il devait présider, devant une assistance qui remplissait toute l'église, il tira de son cœur un discours qui produisit sur son auditoire les plus heureux effets de l'éloquence chrétienne.

Il traitait plus volontiers les sujets de morale pratique, soit parce qu'il avait choisi Bourdaloue pour son auteur favori, soit parce que la finesse de son esprit, jointe à sa grande habitude du confessionnal, et son zèle pour le bien des âmes, le destinaient à ce genre de prédication. Jamais il n'accorda son estime à la parole nuageuse, froide, empesée et visiblement préparée pour un effet mesquin. S'il goûtait les inspirations élevées de la raison, il aimait plus encore les forts et lumineux enseignements nourris de l'étude des livres saints. Nous nous rappelons fort bien qu'au début de notre ministère, il nous exprima le vœu de voir nos instructions toujours animées du souffle de la sagesse divine.

Mais, à part la surveillance dont il était investi relativement à la doctrine, il laissait à ses vicaires une grande et belle indépendance pour le développement de leurs facultés. Tout était bon et licite, pourvu que Dieu fût la fin de l'œuvre. Loin d'user de compression, il était heureux de coopérer par ses sympathies, au progrès naissant des jeunes prédicateurs.

Il ne sentait de jalousie que sur un seul point, c'est qu'on l'estimât assez pauvre de sentiments pour songer, quand il prêchait lui-même, à un parallèle ou à un succès de vaniteuse ambition. Je me souviens qu'il me confia cet ennui en me disant un jour à Ligny : *Oh ! combien ils se trompent s'ils pensent que je veux autre chose que le bien de leurs âmes !*

Mais, hâtons-nous de dire que les plus beaux triomphes oratoires de M. le curé de Ligny sont ceux qu'il remportait sur le modeste théâtre du catéchisme de première communion. Convaincu que cette action si fondamentale est directrice de toute la vie, il se réservait exclusivement le soin de former la conscience de ses enfants. Il aspirait à les pénétrer d'un trait lumineux qui les suivît partout, et qui fût le précurseur de leur retour à Dieu, si jamais ils s'en éloignaient. Pendant un mois ou six semaines avant la première communion, il mettait son âme en communication directe, intime et familière avec la leur, et il entendait s'y établir pour toujours, par le souvenir aimable du bien qu'il leur aurait fait.

Il portait à la confession générale une sollicitude extrême. Pour éperonner le zèle de ses vicaires, et afin d'assurer l'absolution finale, il ajoutait à la doctrine les fruits de sa propre expérience, et il concluait à dire, qu'il ne faut pas se contenter d'une investigation médiocre, mais aller jusqu'au fond, et scruter avec douceur le cœur des enfants, lequel n'est pas moins capable que celui de l'âge mûr, *de tout entreprendre et de tout cacher* (1).

(1) Portrait de Cromwel dans l'*Oraison funèbre* de la reine d'Angleterre.

On était saisi en l'entendant, et souvent la besogne, reprise avec une nouvelle application, a démontré la valeur de ses conseils et la justesse de ses prévisions.

Le jour de la première communion était pour lui une fête majeure ; la veille il réunissait les enfants dans le sanctuaire, et il leur adressait une allocution des plus chaleureuses, pour les amener à un repentir sérieux ; puis il les appelait avec des accents déchirants sur le cœur de Jésus attaché à la croix, pour y recevoir le baiser de paix. J'étais toujours bouleversé en assistant à cette scène.

Le lendemain tout était à la joie, à l'ivresse du bonheur. Tant que ses forces le lui permirent, il se chargea toujours des dernières paroles avant la communion. Son cœur débordait alors de piété, de tendresse, d'onction pastorale. Il parlait aux enfants avec simplicité, sans viser à l'effet, ne visant qu'au cœur, et ne posant jamais. Aussi les larmes qui lui répondaient de toutes parts dans l'église de Ligny, étaient de bon aloi et coulaient de source.

Il avait un tact rare et surprenant ; j'en veux donner un exemple :

Un jour que je prêchais la rénovation des vœux du baptême, voulant impressionner vivement les enfants sur la gravité de cette cérémonie, je me risquai à leur dire : « Rappelez-vous que si plus tard vous violez vos engagements, votre pasteur, aujourd'hui si heureux, ne vous regardera plus qu'avec un visage indigné ». Cette sombre et malencontreuse idée ne lui plut pas ; et, montant après dans cette même chaire : *Mes enfants*, répliqua-t-il, *quoi qu'il advienne, je serai toujours votre ami, votre père ; rien au monde ne m'empêchera de vous voir d'un œil affectueux !* Je compris que j'avais été très-mal inspiré.

Le soir, les cérémonies de l'église terminées, les enfants le suivaient jusque dans la cour du presbytère. Là, il écoutait, en souriant, le compliment traditionnel, remerciait en quelques mots pleins de bonhomie et de cordialité ; puis il congédiait tout son monde, pères, mères, enfants, après les avoir bénis, et après avoir embrassé les garçons, de manière à montrer que personne n'était exclu de la bonté caressante de son cœur. C'est là ce qui explique pourquoi il était désireux de posséder, chaque année, un gage de la gratitude des nouveaux communiants, qu'il conservait comme une marque de leur piété filiale.

Du reste, tous ceux qui ont connu M. Antoine, savent qu'il avait gardé, à un rare degré, cette bonne enfance du cœur, qui se contente de petits bonheurs. Il avait cette âme délicate dont parle le Père Lacordaire, qui se nourrit de quelques gouttes de rosée tombant çà et là du ciel, qui s'ébranle par de légers souffles, qui est heureuse pour des jours, par le souvenir d'une parole qui a été dite, d'un regard qui a été jeté, d'un encouragement que la bouche ou la main d'un ami a donné !

C'est ainsi que nous l'avons connu. Mais nous avouons qu'il fallait, pour le juger ainsi, n'avoir pas de ces yeux myopes, qui ne pouvant pénétrer au-delà des surfaces, s'arrêtent à des apparences vagues, confuses, trompeuses, et, sur des indices frivoles, prononcent avec précipitation et pour n'en revenir jamais, des arrêts qui accusent, hélas! autant l'insuffisance de leurs lumières que leur médiocrité morale. Ce n'est pas dans un jour, dans une heure, dans un moment rapide, que les caractères se découvrent pleinement; il fallait du temps pour étudier, pour apprécier, à fond, le cœur si richement doué de M. Antoine, pour en rassembler toutes les parties, dont chacune, prise isolément, aurait pu produire un effet incomplet ou faux.

Je me souviens qu'un jour je lui parlai des difficultés, des tentations, des périls auxquels expose la pratique du saint ministère. Il me répondit : *Je n'éprouve rien de ce que vous me dites.* La spontanéité d'un tel aveu m'ouvrit les yeux : je compris à quelles sources M. Antoine puisait ce calme, cette paix, cette joie qui se peignaient si lisiblement sur ses traits ; je compris où il prenait le secret de cette liberté de bonne compagnie, dont il ne se départait envers qui que ce soit. C'était un cœur sobre et fort, qui s'était purifié par de chastes délices, et qui trouvait, comme le dit Bossuet, *sa sérénité dans sa hauteur*.

Aussi, avait-il une grande idée de la sainteté sacerdotale : il aspirait, pour l'honneur du prêtre, à une stabilité invariable dans la dignité de la vertu virginale. Dès que les influences énervantes de la vie mondaine la compromettaient, et que la défaillance s'annonçait par de certaines négligences, par des goûts relâchés, c'était à ses yeux un commencement de décomposition dans l'organisme du prêtre, et comme autant de brèches par où s'en allaient, en se perdant, la force et la grâce divines de son caractère. Pour rendre sa pensée plus frappante, il empruntait à l'Evangile un texte qu'il détournait de son sens littéral : *Virtus*, disait-il, *de illo exibat* (1).

M. Antoine avait une conversation aisée, naturelle, dont le caractère le plus marqué était une bienveillante douceur et un bon sens exquis, assaisonnés du sel d'une honnête, spirituelle et inoffensive plaisanterie. Son timbre de voix rendait avec exactitude le fond habituel de ses sentiments. Son regard, illuminé invariablement par la bonté et la pureté, avait quelque chose de pénétrant, qui l'aurait rendu redoutable, si les autres charmes de sa personne n'avaient retenu, près de lui, ceux qui auraient craint d'être approfondis. Il souffrait visiblement lorsque le ton de la conversation

---

(1) Une vertu divine sortait de lui. *Luc*, vi, 19.

dégénérant, et les esprits et les voix s'échauffant, la discussion devenait contentieuse et aigre. Il s'efforçait alors de déprimer le diapason, jusqu'à la nuance où les oreilles et les convenances cessaient d'être blessées.

Hormis ces circonstances, M. Antoine était toujours de bonne humeur. Il n'appartenait pas à cette école austère qui ne rit pas, et qui prétend que le rire est un excès ou un défaut; il prenait à la lettre ces paroles de saint Paul : « Soyez toujours joyeux (1) »; et, certes, il ne s'en privait pas, car il riait de tout son cœur et comme un simple mortel. Soit qu'on l'invitât chez soi, ou qu'il reçût à son presbytère, on pouvait toujours se promettre quelques heures de vrai plaisir, celui de la cordialité, de l'abandon, de la douce gaîté. S'il s'abstenait de certains délassements assez familiers au clergé, il ne les désapprouvait pas fièrement, et il se montrait aussi respectueux des lois de l'hospitalité que de celles de la modestie.

Est-il besoin de dire qu'il observa toujours scrupuleusement les lois de la charité ? nous en appelons au témoignage de ceux qui ont eu avec lui les plus longues relations. Faisait-il de sa parole une arme offensive ? Le voyait-on pressé de satisfaire une curiosité envieuse ou maligne ? Un de ses vicaires, qui a eu l'avantage d'être long-

---

(1) S. Paul aux Philippiens, IV, 14.

temps son commensal, nous affirmait qu'il n'avait jamais ouï tomber de sa bouche une seule médisance. — Que c'est beau! que c'est rare! — Un jour on l'a vu sortir, les larmes aux yeux, d'une conversation où la charité, qui est la tunique sans couture de Jésus-Christ, venait d'être rompue, par des propos pleins d'injustice et de fiel!

Qu'elle était admirable, sa discrétion! *Rien ne pèse autant qu'un secret.* M. Antoine en recevait de toutes sortes; et, quoiqu'il fût d'un naturel communicatif, s'est-il jamais découvert dans un épanchement trop confiant? C'est qu'il veillait à ses lèvres, et qu'il usait d'une circonspection d'autant plus remarquable, qu'elle ne paraissait pas gêner ses mouvements, et qu'elle s'étendait à tout.

Ainsi, je n'ai jamais pu connaître son opinion en matière politique. Il avait conservé, des événements de 1830, une impression d'effroi. La république de 1848 le consterna bien davantage encore; cependant il prononça, sur la place de Ligny, pour la plantation de l'arbre de la liberté, un discours admirablement écrit, et d'une très-haute portée, à la suite duquel il fut reconduit triomphalement au presbytère, et honoré des embrassements civiques. On l'aurait volontiers proclamé, *le sauveur du pays.*

L'*Echo de l'Est*, en ouvrant ses colonnes à ce beau morceau d'éloquence, rendit service alors, croyons-nous, à d'autres ecclésiastiques chargés, eux aussi, d'une tâche que les circonstances rendaient assez embarrassante.

Nous compléterons cette partie du tableau en disant ce qu'était M. Antoine dans ses rapports avec ses supérieurs hiérarchiques. Son dévouement au Souverain Pontife était illimité ; aussi les tribulations de l'Eglise dans la personne de Pie IX, lui étaient d'une amertume si grande, qu'il m'écrivait, il y a quelques années : « J'en suis totalement absorbé ».

Il avait puisé, dans son éducation première, une pieuse vénération pour l'ordre épiscopal, et il ne manqua jamais l'occasion de la témoigner. Quand Mgr Rossat fut transféré à Verdun, et avant qu'il quittât Gap, M. Antoine lui écrivit une lettre où il lui exprimait sa profonde sympathie pour la douloureuse séparation à laquelle il se condamnait : c'était aussi délicat que sincère.

Du reste, M. le curé de Ligny avait une distinction personnelle, qui lui adoucissait l'éclat des grandeurs, sans lui rien ôter de sa modestie. Il savait se tenir debout, sans être arrogant. Pour n'avoir pas été promu à l'épiscopat, il n'en avait pas perdu les aptitudes ; et s'il n'eût fallu, pour être évêque, que d'être rempli d'élévation, rien ne lui manquait : il était grand par les plus nobles qualités du cœur.

M. Antoine avait une attitude analogue avec les magistrats de l'ordre civil. La bonne harmonie est ici quelquefois plus difficile à soutenir, surtout à cause de la divergence des points de vue. Toute la diplomatie de M. Antoine consistait à être droit, indulgent, ferme. Il savait que, s'il faut beaucoup d'art pour diriger les âmes au confessionnal, il n'en faut pas moins pour traiter avec les hommes dans les relations civiles ou administratives, et il y mettait tout ce que son âme avait de prévoyance et de bénignité. On a pu le fatiguer, on n'a jamais pu le décourager, ni l'abattre.

Ex œquo et bono, justice et bonté, c'était là tout son savoir-faire. Mais, hélas! la justice est souvent confondue avec l'intérêt, dans ceux qui la combattent même loyalement, et la bonté peut quelquefois se retourner contre elle-même, si l'on s'en défie, comme de la plus dangereuse des séductions. M. Antoine eut plus d'une fois ce dernier malheur. Nous sommes loin de l'en plaindre.

Encore un coup de pinceau pour dire comment il entendait l'amitié. On s'attend peut-être que je vais me complaire à des peintures qui seraient en effet très-faciles et très-gracieuses : l'âme si sensible et si tendre de M. Antoine ne pourrait manquer d'être comprise. Vivre sans amis eût été pour lui ne pas vivre : il fallait qu'il aimât, et il ne s'en défendit jamais, parce qu'il était bon, humble et pur. C'est pourquoi je tiens singulièrement à dire que son amitié ne se bornait pas à un commerce de douceurs réciproques, à un échange de vaines démonstrations. *Tôt ou tard*, a dit le P. Lacordaire après Vauvenargues, *on n'aime que les âmes.* C'était toujours là que tendait l'amitié forte et généreuse du curé de Ligny. Plus il aimait, et plus il se passionnait pour le bien infini de ses amis, plus il était énergique dans sa franchise avec eux, sauf à embaumer de sa tendresse, l'explosion de sa sollicitude. *Quid hoc audio de te ? redde rationem* (1). Qu'est-ce que j'entends dire de vous ? expliquez-vous ! Voilà comme il y allait, et jamais la complaisance n'en fit un déserteur de l'honnête, du juste, du vrai.

Il est aisé dès lors de comprendre pourquoi on l'aimait, et comment il est peu de prêtres qui aient inspiré des attachements plus ardents et plus fidèles. Entre lui et eux il s'agissait de bien autre chose, que de cette confiance superficielle et de ces agréables passe-temps, qui cimentent et consolent les faibles liaisons de ce monde ; il s'agissait, avant tout, du but de la vie sacerdotale, de l'affermissement dans la vertu, du zèle des bonnes œuvres, des entreprises généreuses pour la gloire de Dieu, de la fidélité aux règles, de l'amour du travail : voilà quel était le fonds.

Mais je conviens aussi, que c'était affaire à lui de l'embellir. Il prêchait sans sermonner. Rien de magistral, rien de contraignant ni même de trop

---

(1) Luc, XVI, 2.

pressant : tout était fraternel, sympathique, condescendant. Son ascétisme et sa supériorité se dérobaient, derrière sa bonne figure souriante, et sa vertu, inconnue à lui-même, aimable et pudique comme une vierge, ne s'étalait pas, mais se laissait assez apercevoir, pour charmer, sans intimider.

M. Antoine aimait sa famille. En s'élevant au sacerdoce, il n'avait sacrifié aucune des honnêtes affections que la religion consacre. Son cœur s'était échauffé et agrandi par la grâce, comme sa raison s'était développée par la foi. *Il est dit du Seigneur Jésus qu'il aima les siens jusqu'à la fin. Christus cum dilexisset suos, in finem dilexit eos* (1). Le curé de Ligny a eu pour ses frères et sœurs, pour tous ses proches, une tendresse toujours ancienne et toujours nouvelle. Qu'il était heureux de les recevoir ! Quelle franche et joyeuse expansion dans les marques d'affection qu'il leur donnait ! Avec quel bonheur il revenait à Commercy, au foyer domestique, dans sa petite chambre de séminariste, lorsque ses fatigues ou ses infirmités le forçaient à prendre quelques jours de repos !

C'est bien lui qui aurait pu dire dans l'enthousiasme du P. Lacordaire : « O foyer domestique des peuples chrétiens, maison paternelle où, dès nos premiers ans, nous avons respiré avec la lumière, l'amour de toutes les choses saintes ! nous avons

(1) Jean, XIII, 1.

beau vieillir, nous revenons à vous avec un cœur toujours jeune , et n'était l'éternité qui nous appelle, nous ne nous consolerions pas, de voir chaque jour votre ombre s'allonger, et votre soleil pâlir ».

VI.

Nous achèverons ce travail par le mémoire des œuvres qui ont marqué honorablement l'administration pastorale du dernier curé de Ligny.

Il en est six auxquelles son nom restera glorieusement attaché. Ce sont : le renouvellement de la sonnerie de l'église de Ligny, des orgues, la construction d'une sacristie et d'un clocher, la fondation d'une société de saint Vincent de Paul, et la création d'un établissement d'instruction primaire et d'un pensionnat de jeunes gens.

1° *Renouvellement de la sonnerie.* — C'est par là qu'il débuta. Il gémissait de voir que l'église de Ligny, malgré la célébrité que lui donnent son pèlerinage et la beauté de ses solennités, n'eût qu'une médiocre sonnerie. Il s'appliqua donc à combler cette lacune, et bientôt il put doter sa paroisse de ces belles cloches dont les volées résonnent, avec une harmonie si grave, des deux côtés de la vallée de l'Ornain.

2° *Renouvellement des orgues.* — Quelques mois

après notre arrivée, le feu prit aux orgues pendant la nuit.

Le dommage fut libéralement comblé par la Caisse départementale. Mais le curé de Ligny profita de l'occasion pour agrandir cet instrument ; et, la charité des fidèles répondant à son appel, il fit exécuter à Bar-le-Duc, par la maison Jacquet, des orgues puissantes, et ce beau buffet gothique dont on n'apercevait pas, avant l'incendie, le plus médiocre vestige.

3° *Construction d'une sacristie gothique.* — Lorsque M. Antoine fut installé dans l'église de Ligny, il n'y avait pas de sacristie ; car il serait dérisoire d'appeler de ce nom, les deux réduits, où s'assemblaient le clergé de la paroisse et les employés de l'église, et qui finissaient d'une manière si disgracieuse, le chevet de cet antique édifice. Pour obvier à cette nécessité, M. Antoine convia l'architecte diocésain, M. Maxe, à lui présenter un plan dont l'exécution servirait tout à la fois les intérêts de l'art, et les exigences domestiques d'une sacristie. Ce dessein approuvé est aujourd'hui réalisé. Le voyageur qui traverse Ligny, en suivant la rue de Givrauval, n'est plus offusqué par cet appendice vulgaire que nous avons vu, et auquel le bon goût de l'architecte a substitué adroitement l'image d'un portail gothique.

4° *Construction du clocher.* — M. Antoine ne pouvait s'arrêter en si beau chemin. Il était humilié quand, levant les yeux, il apercevait sur la toiture de son église, juste au-dessus du chœur, un je ne sais quoi, de forme étroite et rabaissée, où les cloches étaient encaissées et étouffées. Il n'eut pas de repos qu'il n'eût fait tomber cette noire et grotesque apparition. Aujourd'hui, un magnifique clocher s'élève à la même place, priant les voyageurs de tous les points de l'horizon, de ne point passer outre, avant d'avoir visité une église si glorieusement couronnée.

Ces diverses œuvres, dignes de l'éternelle mémoire des habitants de Ligny, n'ont pas été réalisées, on le comprend, sans un puissant concours. Le gouvernement, la caisse de la fabrique, les libéralités des fidèles y ont eu leur bonne part. Mais, quant à leur conception et à leur réussite finale, c'est à M. Antoine qu'elles remontent incontestablement ; et c'est assez pour sa gloire.

Il en est d'autres de moindre importance que je n'annote même pas, pour abréger davantage.

Nous en avons dit suffisamment pour prouver que le zèle de la maison de Dieu animait M. Antoine.

5° *Institution d'une conférence de Saint-Vincent de Paul.* — M. l'abbé Gallet avait laissé pour héritage à la paroisse de Ligny, une association de Dames de charité dont il avait lui-même dressé les statuts, et qui avait pour objet le soulagement des familles pauvres ou des malades nécessiteux.

M. Antoine n'eut pas de peine à la soutenir, grâce au zèle et au désintéressement des Dames patronnesses, qui se sont toujours dévouées, comme de vraies Sœurs de charité, à l'assistance des membres souffrants de Jésus-Christ; mais il voulut compléter cette œuvre, en créant, à son tour, une association d'hommes, sous le patronage de Saint Vincent de Paul, c'est-à-dire une de ces conférences qui peuplent aujourd'hui le monde catholique, et dont le recrutement doit s'opérer parmi les plus fervents; parce que leur mission spéciale est de prouver la vérité de la foi par la force et la fécondité des vertus chrétiennes. Cette conférence, fondée à son instigation, n'a pas, que nous sachions, périclité, et elle a reçu jusque dans les dispositions testamentaires de M. Antoine, un gage de son souvenir et de sa confiance.

Nous ne ferons que mentionner rapidement l'intérêt considérable qu'il portait au développement du pèlerinage de Notre-Dame des Vertus.

« C'est par Marie, disait saint Bernard, que tout arrive aux fidèles » ; c'est aussi de ce cœur maternel que M. Antoine empruntait sa constante ferveur. Qu'il était beau de le voir, le jour de la descente de l'image de Notre-Dame, procéder, accompagné toujours d'un nombreux clergé et au chant du *Regina cœli*, à cette pieuse cérémonie ! Sa physionomie était radieuse, son cœur vivement ému. On eût dit, quand il déposait sur l'autel cette sainte image et qu'il l'encensait avec tant de respect, qu'il en avait reçu une impression céleste.

La piété enthousiaste et bruyante des pèlerins faisait chaque année son étonnement et son bonheur. Ces nefs remplies de monde, ces bruits confus, ces têtes en mouvement perpétuel, ces luttes ardentes pour arriver plus vite à passer sous l'image, ces malades qu'on traînait et qu'on soulevait, ces cris, ces pleurs, ces bras tendus pour faire toucher à l'image des objets de piété, du linge, des vêtements, ces chants graves du clergé, ces voix mystiques de l'orgue, tout cela offrait un spectacle qui aurait ébranlé les plus indifférents, mais qui ravissait le bon cœur du curé de Ligny et lui décernait avec des heures de fatigue, il est vrai, des heures aussi d'inexprimables délices. C'est pour populariser davantage encore ce pèlerinage qu'il organisa, dans ces derniers temps, une association sous le vocable de Notre-Dame des Vertus, et qu'il obtint pour elle des indulgences.

Mais l'œuvre par excellence de M. Antoine, c'est la création d'un établissement d'instruction primaire, avec annexion d'un pensionnat de jeunes gens dont il confia la direction aux Frères de la doctrine chrétienne. Nous n'avons pas à justifier cette grande et salutaire entreprise.

Il nous serait trop pénible de faire dégénérer en controverse, cette étude que la reconnaissance et l'amitié ont inspirée. A quoi servirait-il, du reste, de répéter ce qui est de notoriété historique, savoir, que l'Eglise catholique dans laquelle Jésus-Christ, lumière du monde, réside à perpétuité, poursuit de toutes ses forces la dissipation des ténèbres et de l'ignorance ? C'est son devoir et son plus pressant besoin ; c'est pourquoi, à toutes les époques, elle a suscité des écoles et pourvu à l'enseignement. Elle ne conteste pas le droit d'autrui ; elle aime la concurrence comme un moyen d'émulation ; mais on ne saurait lui commander le choix de ses instituteurs, ni lui interdire ceux qui lui présentent des garanties particulières, et desquels elle attend, avec la mesure d'instruction suffisante, la piété qui édifie, et l'exemple qui entraîne. Tel a été le dessein de M. Antoine. Aujourd'hui son école et son pensionnat fonctionnent ; et tous ceux qui aiment l'enfance et qui se rappellent l'état précaire et insuffisant de l'enseignement primaire à Ligny, il y a vingt-cinq ans, ne peuvent que se féliciter des progrès qu'il a faits, grâce à l'impulsion donnée par le doux et intrépide curé de Ligny.

Le zèle obstiné qu'il avait pour l'éducation première, l'inspirait aussi pour le maintien et l'accroissement des habitudes pieuses qui ont toujours fleuri sur la terre bénie de Ligny. Quoique ses longues absences dans ces dernières années, absences motivées par ses infirmités, aient dû forcément relâcher sa vigilance et le bon effet de sa direction personnelle, il n'a cependant pas laissé s'attiédir l'usage de la confession et de la communion fréquentes. Il faut même convenir que c'est dans ce rude labeur du confessionnal, que M. Antoine a abrégé sa vie. Quand ses forces commencèrent à chanceler, et qu'il dut restreindre le nombre d'heures qu'il donnait à ses pénitents, il a pu leur dire, comme le père Lacordaire à ses enfants de Sorèze : *Si mon épée s'est rouillée, c'est à votre service.* Il y a quelques années on le trouva étendu, presque sans vie, dans son confessionnal. Il n'en continua pas moins à se sacrifier pour le bien et la consolation des âmes qui s'adressaient à lui.

Il est vrai qu'il aimait cette occupation. Quand il fut nommé à Ligny, d'aucuns s'imaginaient le terrifier, en le menaçant d'un déluge de confessions. — Mais, répondait-il, *c'est ma spécialité.* Aussi c'était l'affliger et presque le scandaliser que de le plaindre, fût-ce même avec une vraie sympathie, des ennuis et des importunités dont ce ministère est l'occasion. Il vous regardait avec un air froissé ; volontiers il vous aurait apostrophé par ces paroles de Jésus-Christ à Saint Pierre : *Vade post me, Satana, quia non sapis quœ sunt Dei* (1).

C'est par sa fidélité à ce devoir pastoral, que M. Antoine a fructueusement cultivé ce fonds,

---

(1) « Retirez-vous, Satan, car vous ne goûtez pas les choses de Dieu ».

déjà si riche de piété au Saint Sacrement, que lui avaient légué ses prédécesseurs, et qu'il a pu rallier sous la bannière de Notre-Dame des Vertus, un nombre si considérable de jeunes filles, que la Congrégation de Ligny est, peut-être, la plus florissante de toutes celles du diocèse. Il a eu l'insigne bonheur de vaincre toutes les résistances qui sont ailleurs intraitables, et d'amener les jeunes filles de toute condition et de toute naissance, à unir leurs voix et leurs cœurs pour célébrer la Reine du ciel. Quel secret magique avait-il donc pour triompher? faut-il encore le répéter : c'était par son engageante bonté, et par la douceur attrayante de son autorité.

> Peu de gens que le ciel chérit et gratifie,
> Ont le don d'agréer, infus avec la vie.

C'était celui de M. Antoine, en y ajoutant les perfectionnements de la grâce, et la force d'un zèle incapable de se démentir. Tout ce qu'il y avait dans ses traits, dans ses manières, dans ses regards, dans sa pose même, de si attirant et de si bon, n'était qu'un jet de cette charité expansive et évangélique qui faisait dire de lui : « C'est un homme de cœur ».

C'est pour conserver, immarcescible, le souvenir de cette physionomie si remarquablement expressive, de bonté, de franchise et d'affabilité, que nous n'avons pu nous résigner à la voir frappée et dissoute par la mort.

VII.

La maladie qui devait l'emporter, date, comme nous l'avons dit, de son séjour à Montmédy (1). Il l'a combattue, d'année en année, par tous les moyens qui lui ont été indiqués ; mais le mal était inexorable : il avait pour complice, les préoccupations de son ministère, qui semblaient augmenter, avec le dépérissement de ses forces. C'est ainsi que l'année dernière, étant à Bade, il neutralisa totalement l'effet des eaux qu'il y avait prises, pour avoir entretenu une correspondance qui le mettait au courant de la maladie d'une personne de Ligny. Quand il sut que le danger était imminent, bon gré mal gré, il s'obstina à partir, répondant à toutes les observations : *C'est mon devoir*.

L'année dernière, au mois de novembre, nous eûmes encore le bonheur de passer avec lui quelques heures de joyeux épanchements: Ayant appris que le R. P. Félix venait à Bar pour y prêcher la fête des jeunes économes, il voulut aller l'en-

---

(1) Au rapport de M. le docteur Toussaint. M. Antoine est mort d'une bronchite consécutive déjà ancienne, et d'une hypertrophie du cœur.

tendre, de même qu'il était allé à Nancy et à Mattaincourt, entendre le Père Lacordaire, et plus récemment Mgr Mermillod, à Notre-Dame de Barle-Duc. Il avait un goût instinctif et élevé, pour les grandes renommées, et il tenait, quand il le pouvait, à en jouir directement.

Nous partîmes à quatre dans la même voiture. Chose étrange ! quoiqu'il ne se plaignît pas, j'étais agité par un triste pressentiment ; et, placé vis-à-vis lui, je hasardai de temps en temps un regard sur son visage affaissé, et devenu déjà livide. Durant la nuit de notre retour, à peine étions-nous endormis, que la cloche d'alarme nous réveilla : un incendie venait d'éclater à Ligny. M. le curé en éprouva physiquement et moralement une fatale secousse ; mais que j'étais bien loin de penser, en le quittant, que quelques semaines après, je serais rappelé, près de son lit, par cette dépêche : *M. le curé va très-mal, arrivez immédiatement !!* C'était le 5 janvier ; il venait d'éprouver une crise dont la violence et la durée avaient fait craindre qu'il ne fût près de sa fin. Toutefois, c'est dans la nuit du 22 au 23 décembre, que la maladie avait éclaté, avec des symptômes effrayants. Il avait eu déjà de funèbres préoccupations le jour de la fête de l'Immaculée Conception. Lorsqu'il se sentit condamné par ses souffrances à l'inaction et au silence : *Je vois,* dit-il à ses vicaires, *que je ne suis décidément plus bon à rien!* il ne songeait pas que la maladie et la mort devaient être le couronnement de sa vie si édifiante !

Le dimanche d'avant Noël, lorsqu'il se disposa à monter en chaire, pour prêcher en faveur des pauvres, et annoncer sa quête annuelle, il eut de violents battements de cœur, et deux jours après, au moment de s'habiller à la sacristie pour célébrer la messe, il fut contraint par ses étouffements de rentrer immédiatement dans sa chambre, qu'il ne devait plus quitter.

Le jour du nouvel an, au lieu de répondre aux souhaits de ses vicaires par les félicitations accoutumées, il les pria de s'agenouiller, et en les bénissant avec une tendresse patriarcale, il les exhorta à se dévouer avec une fidélité inviolable au service de Dieu.

Il était environ minuit lorsque j'arrivai au presbytère de Ligny, le 6 janvier. En approchant de la chambre du malade, j'entendis sa respiration bruyante et pressée : je n'osai faire un pas de plus. Je dis au vicaire qui me suivait, que je redoutais l'impression qu'allait produire ma visite si inopinée et si tardive. Tranquillisez-vous, me répondit-il, Monsieur le curé est très-calme, il est prêt ; il a béni, aujourd'hui même, la foule qui a envahi sa chambre ; rien que de le voir et de l'entendre cela vaut une retraite ! Néanmoins, je me composai pour être plus fort, et après l'avoir embrassé, je lui dis que j'étais heureux de venir à lui, porteur des bénédictions de son évêque. Aussi, tôt il inclina sa tête, et il me prit la main, en la soulevant, pour que je le bénisse.

Il me semblait si accablé, que je ne pus me résoudre à prolonger cette entrevue, et je me retirai jusqu'au lendemain, méditant en moi-même sur les ravages du mal, et plus encore sur l'admirable sérénité du malade.

M. Antoine avait toujours appréhendé la mort, tout en s'y préparant. Il disait déjà, il y a quelques années, à l'un de ses anciens vicaires : *Je ne vois plus rien qu'en avant*. C'était le langage de saint Paul : *Ad destinatum persequor, ad bravium supernæ vocationis*. Néanmoins la pensée de la mort le saisissait toujours ; c'était une impression héréditaire, car il nous racontait que sa digne mère l'avait également éprouvée, mais que dans ses derniers jours elle avait recouvré la paix, avec un sourire de confiance céleste.

Tel fut M. Antoine mourant. Dès qu'il sut l'imminence du péril, il se dépouilla de ses alarmes antérieures, et il fit face à sa situation, avec la résolution et le courage modeste que nous avions admirés, déjà, dans une circonstance que nous ne pouvons laisser ignorer.

Un jour, il vint nous voir à Bar, pour se reposer des fatigues du choléra. Il était incomplétement rétabli d'une assez longue indisposition. Pendant qu'il reposait encore, on annonça un nouveau cas de choléra, et personne au presbytère de S^t.-Etienne pour aller confesser le malade. M. Antoine se lève immédiatement, se fait conduire à la demeure du cholérique, le dispose à la mort, et après lui avoir rendu les services les plus répugnants à la nature, il revient se recoucher, sans plus se prévaloir d'un si beau trait, que s'il avait vaqué au devoir le plus ordinaire et le plus facile.

C'est avec cette force et cette liberté qu'il se vit aux prises avec la mort. Dans cette journée terrible du 5 janvier, il reçut le viatique et l'extrême-onction, avec la pensée qu'il touchait à sa dernière heure. Mais Dieu voulait prolonger le sacrifice, afin que la victime fût plus parfaite.

Cette douceur et cette patience, qui ornaient si bien la personne du curé de Ligny, et qu'on eût pu attribuer à son heureux naturel, se révélèrent pleinement et à sa gloire, dans tout le cours de sa maladie. Un acquiescement entier, illimité, à la volonté de Dieu, au milieu de ses souffrances et dans la prévoyance de sa mort, une résignation inébranlable, une soif ardente du paradis, une égalité d'âme qui lui rendait encore possibles, des paroles dont l'amabilité provoquait le sourire : tel il a été jusqu'au dernier moment.

Il avait fait placer son crucifix sur une petite table à côté de lui, à portée de ses regards ; il le baisait sans cesse, et il ne souffrait pas qu'on l'éloignât, parce que c'était la source où il s'enivrait du bonheur de souffrir, et de l'espérance de jouir de Dieu.

Il interrompait avec douceur, les prières qui avaient pour objet le rétablissement de sa santé, parce que, disait-il, *c'était retarder son bonheur !*

Un de ses amis, M. l'abbé L'hoste, lui disant, après la crise du 5 janvier : Espérons que le bon Dieu vous rendra encore pendant quelques années à notre affection ! il répondit avec vivacité : *Ma paroisse en souffrirait trop ; laissons faire le bon Dieu.*

Quand M. Tripied, archiprêtre de Bar-le-Duc, vint lui annoncer que la bénédiction papale était arrivée à son intention, il en témoigna une joie profonde, et dit en baisant le papier qui en contenait l'expression : *Qu'on est heureux d'être catholique !*

Il répétait, avec une incroyable consolation, cette courte prière de Pie IX : *Mon Jésus, miséricorde !* à laquelle le Souverain Pontife a attaché cent jours d'indulgences ; et, lorsqu'il était à bout de forces, il priait qu'on la lui récitât.

Il ne permettait pas qu'on le félicitât de sa patience, parce que, disait-il, *je meurs entouré de mes amis, qui me consolent, qui m'encouragent, qui me font des compliments, tandis que Jésus-Christ, assailli sur la croix d'injures et d'outrages, était entouré de ses bourreaux !*

Enfin il demandait pardon avec une dignité et une humilité parfaite, aux domestiques qui passaient la nuit près de lui. Son agonie dura huit jours, sans aucune perturbation dans ses facultés morales, sans aucune intermittence dans sa patience et sa piété. Hélas! tous les soins les plus tendres, les plus dévoués lui furent prodigués, mais l'heure décisive approchait. Il se confessa une dernière fois le 13, et demanda qu'on se pressât de lui apporter le saint viatique ; et ainsi fortifié, rempli de mérites, de confiance et d'amour, ayant prié Mme Antoine, sa belle-sœur, de se mettre à l'écart, pour qu'elle ne fût pas témoin de ses suprêmes douleurs, toujours paisible, toujours bon, toujours compatissant, il remit son âme au Seigneur Jésus, son Créateur et son Sauveur, et ayant levé les yeux au ciel, le visage tout radieux..... il expira !

C'était le 13 janvier, vers 7 heures du soir ; il avait un peu plus de 64 ans !

VIII.

Les jugements de Dieu sont insondables !

A peine M. Antoine était-il entré dans l'éternité, que sa vie tout entière était soumise à l'examen, et sa destinée fixée à jamais !

Nous n'avons pas la présomption de scruter les secrets divins, encore moins de nous en faire l'organe.

Prosterné devant cette couche funèbre, nous pleurons ! nous adorons ! nous prions ! nous tremblons !

Celui qui ne trouve pas les anges assez purs devant lui, aura-t-il jugé M. Antoine digne d'une miséricorde sans restriction ? nous le souhaitons, nous ne l'affirmons pas. Quelque honorable et vertueux qu'il ait été, nous n'avons pas dit, nous ne dirons pas qu'il fut un saint ; il eût été le premier à s'en révolter, lui qui, tous les jours, se rendait un compte exact de ses fautes, et les enregistrait avec soin, par écrit, pour ne jamais s'égarer dans l'oubli de lui-même ! lui qui mettait tant de hâte et de sincérité à réparer les mouvements trop impétueux, parfois, de son caractère, et qui faisait surabonder la grâce de l'excuse et des regrets, là où avaient abondé la véhémence et l'entraînement de sa loyale parole. Non assurément, nous ne disons pas qu'il était un saint. Mais notre conclusion, pour être moins ambitieuse, n'en sera, peut-être, que plus profondément utile.

Notre conclusion, c'est que M. Antoine, depuis son initiation sacerdotale jusqu'à sa mort, s'est honoré par une constance, une fermeté, une stabilité, une régularité de conduite, qu'il est impossible de ne pas reconnaître et admirer.

On a dit avec beaucoup de raison : *Magna res est unum hominem agere*, « c'est une grande chose de n'être qu'un seul homme durant toute sa vie ».

La faiblesse humaine peut bien s'élever un jour ou l'autre jusqu'aux nues, par des œuvres ou des sentiments sublimes, mais passagers ; les vertus communes cheminent péniblement, d'étape en étape, elles chancellent, elles se lassent, incapables qu'elles sont, de résolutions longues et soutenues ; bref, on accomplit rarement, sans halte et d'une seule traite, son voyage sur le chemin de la vertu.

Ce n'est donc pas un médiocre mérite que de réaliser le prodige d'un enchaînement de jours, d'années, d'actes, de pensées, de sentiments, où le contrôle et la critique ne peuvent signaler une discontinuité, une rupture, ou une reprise. Ce mérite, nous croyons pouvoir le revendiquer pour M. Antoine, puisque, après avoir inauguré sa vie sacerdotale, par *une piété et une régularité exemplaires*, il est mort avec toute la jeunesse de cœur qui le réjouissait, lorsqu'il montait à l'autel pour la première fois.

IX.

Qu'il nous soit donc permis, en finissant, de nous adresser humblement à nos plus jeunes confrères du clergé de Verdun, et de les conjurer de se pénétrer d'un si beau modèle, pour s'efforcer de le faire revivre. Nous leur demanderons la permission de leur dire :

« Faut-il donc beaucoup réfléchir pour comprendre les services immenses que vous rendrez à l'Eglise et à l'humanité, si vous usez, comme M. Antoine l'a fait, des dons que vous avez reçus ?

« Si après avoir gravi au sacerdoce pour obéir, comme lui, à l'appel de Dieu, vous conservez inextinguiblement le feu sacré qui vous a été communiqué, pour être, jusqu'à la fin, les conquérants des âmes rachetées, et, au besoin, les martyrs de la justice et de la charité ?

« Si vous prenez aussi, comme lui, pour devise inviolable, la droiture, la sincérité, la simplicité, la bonté, et qu'il en sorte de vos cœurs, une impression vivifiante et attractive ?

« Si, après avoir renoncé au siècle où vous auriez pu prétendre à la fortune, à la gloire, peut-être aux félicités les plus enviées, vous mettez, à l'exemple de M. Antoine, infiniment au-dessus de tout, le bonheur de la piété, la gloire de servir Dieu, l'opprobre, la pourpre sanglante du Crucifié ?

« Si, enfin, associés, comme lui, au commerce de Jésus-Christ, pour le salut des âmes, vous y consacrez toutes vos forces, toute votre ardeur, vos lumières, vos emplois, vos talents, tous vos avantages naturels et surnaturels, desquels vous ne serez jamais assez pourvus, ne fût-ce que pour en sauver une seule ! et ravir, en retour, le cœur de Dieu ! »

Tel a été M. Antoine, curé de Ligny, curé de Montmédy, curé de Saint-Etienne de Bar-le-Duc, curé de Milly, vicaire de la cathédrale de Verdun, professeur de dogmatique ; tel il était lorsque, le 13 janvier dernier, il a paru au tribunal de Dieu, après une mort digne de sa vie, et d'autant plus belle, qu'elle n'a surpris personne.

X.

Le 13 janvier !! quel triste, quel douloureux anniversaire désormais pour nous !

Mais non, mille fois non ! nous ne permettrons pas à notre douleur de prévaloir ! ni à la mort d'offusquer de son ombre, l'endroit de notre cœur où le souvenir de M. Antoine est imprimé avec une si douce image !

Plein d'espoir dans la bonté de Dieu, dans le sang de Jésus-Christ, dont les mérites lui ont été abondamment appliqués ; confiant éternellement en lui, dans l'amour qui l'enflammait et qui le lie indissolublement à nous, nous lui disons comme si nous le voyions de nos yeux :

O père ! ô ami ! à qui, il y a quelques jours, nous

ouvrions notre cœur pour la dernière fois, avec des sanglots impossibles à comprimer !

Vous qui nous disiez vous être encore souvenu de nous, au moment suprême où vous croyiez la vie vous échapper..... et la lumière de Dieu vous apparaître !.....

Vous, qui surmontiez vos souffrances, pour nous donner des encouragements si éclairés ! et encore, et toujours, des marques d'affection si déchirantes ! non, nous ne nous sommes pas quittés ! nous ne voulons pas être séparés ! nous demeurons en vous, comme vous demeurez en Dieu !

Faites donc, ô ami si vrai ! que nous sentions l'effet de votre assistance indéfectible ; et, de cette main qui nous a béni tant de fois, que nous baisions naguère avec tant d'amitié et de larmes, attirez-nous !.....

Attirez-nous aux vertus sacerdotales que vous avez aimées et pratiquées...; attirez-nous à vous ! afin que, nos regrets et notre exil cessant, nous goûtions ensemble ce bonheur parfait, dont nous n'avons eu, ici-bas, que les prémices !!!

Nous croyons qu'il est utile de reproduire ici deux articles de l'*Espérance de Nancy*, qui y ont été insérés à l'occasion de la mort et des funérailles de M. Antoine.

« Monsieur le Rédacteur,

« L'église de Ligny est veuve de son pasteur bien-aimé. M. l'archiprêtre Antoine a succombé dans la nuit du 13 au 14 janvier, après trois semaines de souffrances. Longues semaines d'anxiété pour ses paroissiens dévoués qui n'ont cessé, pendant tout ce temps, d'adresser au ciel leurs vœux et leurs supplications pour des jours si chers.

« Le dernier acte de sa vie sacerdotale avait été de tendre la main pour les pauvres ; le dimanche 20 décembre, il montait en chaire pour faire son appel annuel en faveur des malheureux. Le jour de Noël, cette satisfaction lui était refusée ; il ne devait plus reparaître dans sa chère église ; la nuit suivante, il était atteint du mal qui allait nous l'enlever.

« Le 5 janvier, vers six heures du soir, la nouvelle se répand en ville que le pasteur vient de demander les derniers sacrements, car la nuit précédente il avait reçu la visite de son Dieu ; aussitôt la porte du presbytère est envahie ; tous veulent revoir les traits de leur père expirant. Témoin oculaire de cette scène, nous ne l'oublierons jamais ! Il rassemble toutes ses forces et ne cesse de bénir ses enfants.

« Les prières redoublent ; Notre-Dame des Vertus est appelée au secours. Le lendemain, un mieux inattendu se fait sentir ; le malade reçoit sa famille, la bénédiction du Saint-Père et celle de son évêque ; il en est heureux, et sourit aux quelques visiteurs privilégiés qui peuvent le voir ; il espère alors revoir encore sa bonne Notre-Dame, pour le culte de laquelle il a tant fait.

« Le jour de l'Epiphanie, à la grand'messe, il charge son premier vicaire de donner à la paroisse tout entière la bénédiction qu'il a reçue de Rome, et dont il veut faire profiter tout le monde.

« M. l'abbé Lagabe, par quelques mots bien sentis et profondément émouvants, rend parfaitement la pensée intime du pasteur mourant ; il donne en son nom les derniers conseils d'un père dévoué au salut de tous, sans exception. Inutile de dire que son auditoire lui répond par des sanglots, et que lui-même est si ému, qu'il peut à peine prononcer les paroles de la bénédiction sur l'assemblée agenouillée.

« Avant de vous rendre prochainement compte des funérailles qu'on prépare à notre cher et vénéré défunt pour samedi, et pour lesquelles tous rivaliseront de zèle et d'empressement, — pendant que sa dépouille mortelle, ornée de ses habits de chœur et placée dans une chapelle ardente, repose encore au milieu de nous sur un lit couvert de fleurs blanches, — pendant que toute la paroisse se presse en foule autour de lui pour contempler une dernière fois les traits calmes et paisibles de celui qui nous quitte pour le temps, — permettez-moi d'esquisser à grands traits sa vie sacerdotale.

M. Augustin Antoine naquit à Commercy le 21 novembre 1804 ; ordonné prêtre, il fut successivement vicaire de la cathédrale, professeur de théologie au grand séminaire de Verdun, curé de Milly au canton de Dun, curé de Saint-Etienne à Bar-le-Duc, archiprêtre de Montmédy. Il arriva à Ligny en 1845, voilà donc 23 ans. Ce fut le vœu de sa mère expirante, de le voir curé de Ligny. Il aimait beaucoup à parler de sa bonne mère, qu'il avait tant affectionnée, et il a souvent redit ceci : « Avant de mourir, ma mère me dit : Je pars pour le ciel, et je « demanderai pour toi la cure de Notre-Dame des Vertus, que « j'ai déjà demandée le jour de ton ordination, en faisant « offrir à son autel le saint sacrifice de la messe ».

« Trois mois s'étaient à peine écoulés, Ligny perdait son pasteur et M. l'abbé Antoine arrivait prendre possession de ce poste, heureux de venir offrir à Notre-Dame son ministère et sa vie ; et nous savons tout ce qu'il a fait pour répandre son culte béni, qu'à sa demande Rome a reconnu dans l'Eglise universelle.

« Depuis 23 ans on l'a vu à l'œuvre ; on a été à même de juger son cœur si tendre, si compatissant ; ceux qui avaient à traverser les rudes épreuves dont la vie est semée, ont pu surtout savoir comme il aimait et savait consoler.

« Jamais une infortune n'a frappé en vain à sa porte ; il donnait, donnait généreusement, et l'on peut dire que son cœur était plus grand que sa bourse. Il a su tout sacrifier pour le bien et les œuvres entreprises ; il aimait les pauvres il meurt pauvre comme eux.

« Une seule parole suffira pour le faire apprécier, et le fait que je révèle n'est connu que de moi. Nous traversions une année qui menaçait de détruire tous les biens de la terre, et si un prompt remède n'était porté, la misère allait arriver à son comble. Nous nous entretenions ensemble de nos mutuelles appréhensions ; que ferons-nous, ajoutait-il, si les choses en viennent au point où je les ai vues une fois dans ma vie ? que deviendrons-nous cet hiver ? je ne possède plus rien que ce que la Providence m'envoie chaque jour ; il ne me reste en fait de valeurs que mon argenterie, don de mes paroissiens. Eh bien ! s'il le faut, je la vendrai pour les pauvres !

« Voilà l'éloge de sa vie entière !

« Et maintenant, ô Père, le ciel couronne vos vertus. Vous nous avez aimés sur la terre : votre vœu le plus ardent était de mourir et de reposer parmi nous. Vous avez été exaucé. Ah ! du haut de la céleste patrie, priez pour nous ; nous ne vous oublierons jamais !.. »

« Monsieur le Rédacteur,

« Ainsi que je vous l'annonçais dans ma précédente lettre, je viens vous rendre compte des funérailles de M. l'archiprêtre Augustin Antoine, curé de Ligny-en-Barrois. Je n'ai pas été déçu dans mon espérance. Les funérailles ont été ce que je les attendais de la part de ses paroissiens, qu'il avait tant aimés. Ce fut une vraie manifestation de reconnaissance et de regrets, un deuil public. Pas une famille qui n'y comptât un ou plusieurs représentants ; les usines étaient arrêtées, la plupart des magasins fermés sur le passage du cortége. De longtemps Ligny ne verra une pareille affluence de prêtres ; près de quatre-vingts, accourus de tous les coins du diocèse, et à leur tête MM. les archiprêtres de Bar, Commercy, MM. les doyens de Montiers, Revigny, Gondrecourt, Void, Varennes, M. l'abbé Gouget, curé de St.-Sauveur, de Verdun.

« Reprenons les choses au point où je les ai laissées : Pendant les deux jours que resta au milieu de nous la dépouille mortelle de notre cher curé, la foule n'a cessé de remplir la chambre mortuaire, bien souvent trop petite pour la contenir; chacun attendait son tour pour le revoir une dernière fois encore, pour faire toucher des objets de piété ; on se permit même de pieux larcins, car, au moment de la mise au tombeau, sa chevelure avait entièrement disparu. Les enfants de la Congrégation n'ont pas voulu céder à d'autres le soin de veiller et de prier près de leur père ; tour à tour, le jour et la nuit, elles se sont relevées, ce n'est qu'à la dernière heure qu'elles cédèrent la place à la Conférence de saint Vincent de Paul, OEuvre qu'il n'a cessé de soutenir et de ses conseils et de sa bourse, et qui certainement, sans cela, n'aurait pas résisté aux chocs qui l'ont frappée comme tant d'autres ; il ne l'a même pas oubliée après sa mort ; du peu qui lui restait, il lui a fait une part dans son testament.

« L'église, pendant ce temps, se tendait entièrement de draperies noires parsemées de larmes blanches. Ici encore, le zèle a été grand, et tous ont fait leur devoir. La place du révéré défunt au chœur, la chaire et le confessionnal du pasteur avaient pris des habits de deuil, et tout cet ensemble avait une majesté funèbre très-imposante.

« Samedi matin, la ville présentait une animation extraordinaire ; de toutes parts on voyait arriver le clergé. Enfin l'heure est venue ! Après le chant des Matines, le cortége se met en marche pour venir au presbytère. Long fut le défilé des enfants de toutes les écoles de la ville, des enfants de l'orphelinat Napoléon, des demoiselles de la Congrégation avec leur bannière et leur Vierge Immaculée, celle-là même qui avait veillé avec elles près du lit funèbre ; venait ensuite l'orphéon de Ligny avec sa bannière, don en partie du défunt qui aimait tant la musique, et qui faisait tout pour donner de la splendeur au culte ! on remarquait ensuite deux autres bannières qui avaient reçu le même jour la bénédiction de M. le curé, celle de la Société de secours mutuels de la manufacture de M. Coyen-Carmouche, de Ligny, dont il était le membre honoraire dévoué, celle de MM. Gettliffe père, fils et Cⁿ, toutes deux suivies des ouvriers des deux usines, qui spontanément et librement, avaient demandé à donner à leur pasteur ce dernier témoignage d'affection. Nous ne pouvons que les en louer ; la reconnaissance est la mémoire du cœur.

« Ce fut M. l'archiprêtre de Bar, précédé de tout le clergé sur deux lignes, et d'un grand nombre de pauvres portant tous un cierge à la main, qui fit la levée du corps, lequel, porté par des prêtres, se dirigea vers l'église ; les cordons du poêle étaient tenus par M. l'archiprêtre de Commercy, MM. les doyens de Montiers, Revigny, et M. l'abbé Lefebvre, curé de Saint-Antoine de Bar, tous amis du défunt.

« Venait ensuite la famille de M. le curé ; puis toute la paroisse, que l'église ne fut pas assez grande pour contenir.

« La messe fut chantée par M. Tripied qui, vers le milieu, donna lecture d'une lettre de Sa Grandeur Monseigneur de Verdun, datée de Paris, dans laquelle le prélat, dans les termes les plus flatteurs pour M. Antoine, exprime tout le regret qu'il éprouve de ne pouvoir assister à ses funérailles, et de la perte que vient de faire le diocèse de Verdun. M. l'archiprêtre ajoute qu'il eût été bien heureux de prononcer l'oraison funèbre du cher défunt, mais, qu'enfant de l'obéissance avant tout, il n'enfreindra pas les règles du diocèse, qui s'y opposent. Il ajoute toutefois qu'après avoir prié pour celui qui n'est plus, nous devons maintenant demander au ciel un digne successeur, qui continue dans la paroisse de Ligny les belles traditions de ces prêtres zélés qui se sont succédé sans interruption : les Leblanc, les Gallet, les Antoine.

« L'offrande est reçue par trois prêtres, et est à peine terminée pour l'absoute qui est donnée par M. l'archiprêtre de Commercy. Enfin, tout se remet en marche dans le même ordre, pour gagner le champ du repos ! Le pasteur quitte pour toujours son église, et monte se reposer des fatigues de son ministère, au milieu de ceux qui l'ont précédé, dans cette place réservée à tous les curés de Ligny, par le bon abbé Comus de sainte mémoire.

« La cérémonie se termine par les larmes et les regrets ».

Bar-le-Duc. — Typ. L. GUÉRIN et Cⁱᵉ

www.ingramcontent.com/pod-product-compliance
Lightning Source LLC
LaVergne TN
LVHW021001090426
835512LV00009B/1996